Liberté

et

Socialisme

RÉPONSE A M. JAURÈS

PAR

E. MARTINEAU

Membre de la Société d'Economie politique de Paris

Extrait du *Monde Economique.*

PARIS

TYPOGRAPHIE A. DAVY

52, RUE MADAME

—

1899

LIBERTÉ ET SOCIALISME

RÉPONSE A **M. JAURÈS**

La *Revue de Paris* a publié, dans son numéro du 1er décembre dernier, un article de **M.** Jaurès sur le socialisme et la liberté. L'apôtre du socialisme s'est attaché, dans ce travail, à combattre ce qu'il appelle un malentendu au sujet de l'idée socialiste. Ce malentendu, qu'il qualifie d'erreur fondamentale, porte sur la nature et l'essence même du socialisme collectiviste. « Les représentants de la bourgeoisie libérale combattent ce système, dit **M.** Jaurès, parce qu'ils le considèrent comme un régime de réglementation et de contrainte ; ils le repoussent par crainte d'entraver le développement de la liberté de l'esprit, de la liberté politique et de la liberté du travail : malentendu déplorable au dire de l'orateur socialiste ; loin d'être opposé à la liberté, le socialisme collectiviste, au contraire, est l'épanouissement de la liberté, de toutes les libertés, il en est même la condition nécessaire. » C'est pour prouver cette thèse paradoxale que M. Jaurès a écrit son article, où il a mis en œuvre toutes les subtilités de sa dialectique.

C'est l'ordre social qui est remis en question ; il

LIBERTÉ ET SOCIALISME

—

RÉPONSE A M. JAURÈS

—

La *Revue de Paris* a publié, dans son numéro du 1er décembre dernier, un article de M. Jaurès sur le socialisme et la liberté. L'apôtre du socialisme s'est attaché, dans ce travail, à combattre ce qu'il appelle un malentendu au sujet de l'idée socialiste. Ce malentendu, qu'il qualifie d'erreur fondamentale, porte sur la nature et l'essence même du socialisme collectiviste. « Les représentants de la bourgeoisie libérale combattent ce système, dit M. Jaurès, parce qu'ils le considèrent comme un régime de réglementation et de contrainte ; ils le repoussent par crainte d'entraver le développement de la liberté de l'esprit, de la liberté politique et de la liberté du travail : malentendu déplorable au dire de l'orateur socialiste ; loin d'être opposé à la liberté, le socialisme collectiviste, au contraire, est l'épanouissement de la liberté, de toutes les libertés, il en est même la condition nécessaire. » C'est pour prouver cette thèse paradoxale que M. Jaurès a écrit son article, où il a mis en œuvre toutes les subtilités de sa dialectique.

C'est l'ordre social qui est remis en question ; il

s'agit de savoir si la société actuelle, basée sur le double principe de la liberté du travail et de la propriété individuelle, repose sur des fondements solides et durables ; si elle a devant elle les longs espoirs et un avenir assuré, ou si, au contraire, elle porte dans ses flancs les germes d'une corruption et d'une dissolution prochaine, étant assise sur l'injustice et l'exploitation systématique des travailleurs par une oligarchie de capitalistes oisifs. Ce régime inauguré par nos pères de la Révolution de 1789, qui laisse aux individus la responsabilité de pourvoir à leurs moyens d'existence, qui leur permet de passer les uns avec les autres de libres contrats, en leur garantissant la propriété privée des capitaux acquis par leur travail et leur épargne, est-il un régime définitif, assurant la justice à tous ? ou au contraire, en abandonnant la production des richesses aux hasards d'une concurrence anarchique et meurtrière, ne livre-t-il pas les faibles, les prolétaires sans défense à une lutte inégale avec les puissants, les capitalistes, lutte dans laquelle les prolétaires sont fatalement destinés à l'écrasement ? En conséquence, la distribution des richesses ne s'opère-t elle pas de la manière la plus injuste, les travailleurs, les salariés, étant dépouillés, par l'action fatale du système de production capitaliste, d'une portion du fruit de leur travail au profit des capitalistes, dont le capital n'est formé que du travail *non payé* des ouvriers ?

C'est la question : les socialistes collectivistes répondent qu'en effet la société actuelle est vouée à une dissolution et à une mort prochaine, qu'elle est déchirée par l'antagonisme des classes, par l'exploitation des masses ouvrières au profit des propriétaires et des capitalistes, provoquant une inégalité croissante de richesses, qui fait que les riches deviennent toujours plus riches et les pauvres toujours plus pauvres, d'où suit la nécessité d'une lutte de classes en vue de l'expropriation politique et économique de la classe des propriétaires et de la remise des capitaux, des moyens de production à la collectivité.

C'est ce régime de copropriété sociale des capitaux, des moyens de production, que M. Jaurès nous présente comme l'épanouissement de la liberté, de toutes les libertés.

*
* *

M. Jaurès est un fils de la Grèce ancienne, de l'Attique : il a emprunté à son maître en rhétorique, le divin Platon, les subtilités de sa dialectique, le charme et les séductions de son style. Prenons garde et, pour échapper à la fascination, ôtons les fleurs et mettons à nu la pensée. L'article de M. Jaurès peut se résumer ainsi : Le malentendu qui a conduit les libéraux à repousser le socialisme collectiviste comme un régime de réaction, de réglementation et de despotisme, a sa source dans la confusion qu'ils ont faite entre le socialisme collectiviste et le socialisme d'Etat ; entre ces deux sortes de socialismes, il y a un abîme. Le socialisme d'Etat laisse subsister le régime de production capitaliste avec ses éléments essentiels, le Patronat et le Salariat : il se borne à exercer du dehors une intervention en vue d'adoucir les excès du capitalisme, de protéger les prolétaires, les faibles contre la domination du capitalisme tout-puissant, pour empêcher l'écrasement des faibles par les forts, et cette intervention s'exerce forcément par voie de réglementation et de contrainte. Le collectivisme, au contraire, supprime le régime capitaliste, il abolit la propriété privée des moyens de production et crée ainsi une société nouvelle où les classes sont fondues ensemble puisque tous sont copropriétaires des capitaux ; dès lors, par suite de l'abolition des classes, il n'y aura plus d'antagonisme entre les hommes et l'harmonie résultera de l'organisation interne du système, sans qu'il soit besoin de lois de réglementation, de restriction et de contrainte.

Et qu'on ne dise pas que ce régime est un système de nivellement, d'où la liberté serait absente, en sorte que ce serait la servitude universelle ! la réponse est que, dans l'ordre économique actuel, la liberté est le privilège d'une oligarchie, le luxe d'une minorité. Dans le régime actuel, la classe ouvrière est à l'état de dépendance, sous la loi du salariat : il y a ainsi deux classes bien distinctes — les possédants et les non-possédants — et les artisans, les petits producteurs, sont dévorés par les gros capitalistes, ils sont écrasés par la concurrence inégale de la grande industrie ; ainsi la multitude ouvrière est de plus en plus tenue au-dessous de la propriété. Seul, le socialisme collectiviste, en universalisant la propriété, en donnant à tous la copropriété des moyens de production, peut réaliser la liberté pour tous, l'affranchissement du prolétariat, la liberté étant inséparable de la propriété.

D'ailleurs, si la liberté était en contradiction avec le collectivisme, la tendance de l'humanité serait vers la servitude, car l'évolution économique conduit fatalement au collectivisme ; elle y pousse par l'action de deux forces : la concentration croissante des capitaux d'une part, et de l'autre la force progressive des syndicats et des groupements ouvriers ; la propriété collective se réalisera ainsi par l'accord du mouvement capitaliste et de la force ouvrière. La loi de l'histoire destine la propriété capitaliste à l'absorption dans la propriété sociale et quand l'ordre socialiste sera réalisé, la liberté de l'individu sera entière, complète, il sera affranchi de l'égoïsme de classe, du côté de la bourgeoisie, et de la misère de classe du côté du prolétariat. Les deux classes ainsi réconciliées seront également victorieuses : le prolétariat y aura gagné le droit de copropriété sociale qui l'émancipera définitivement ; quant à la bourgeoisie, si elle perd le monopole de la propriété, les joies égoïstes de domination, elle y gagnera en noblesse et en grandeur. L'unité socialiste sera un progrès. La Révolution sociale ayant brisé la bourgeoisie, les fils de bourgeois pourront entrer dans l'ordre nouveau ; comme il n'y aura plus d'intérêt de classe, l'idéal humain sera élargi pour tous. Mais il ne sera plus permis au bourgeois de réaliser son rêve d'universelle domination, et d'exploitation des travailleurs ; il n'y aura plus, dans le régime nouveau, de patronat ni de salariat.

La liberté de l'individu dans l'ordre socialiste sera donc souveraine ; au-dessus de l'individu, il n'y aura rien, ni roi, ni capitaliste. Les trois postulats de l'individu sont l'éducation universelle, le suffrage universel et la propriété universelle. C'est ce qu'avaient compris les socialistes de la Révolution et du commencement de ce siècle, Babeuf et Buonarotti : ils étaient individualistes en ce qu'ils voulaient compléter l'œuvre sociale de la Révolution, œuvre incomplète et hypocrite qui n'avait institué qu'une liberté théorique et qui préparait, en réalité, la servitude du prolétariat en constituant, sur les ruines de la noblesse, une oligarchie nouvelle, l'oligarchie des bourgeois investis du monopole de la puissance industrielle par l'avènement du régime de la grande production.

Le socialisme transformera également les idées de patrie et de famille, en les montrant non comme des organismes supérieurs et sacrés, mais comme des institutions qui n'ont pas leur but en elles-mêmes et qui doivent donner des garanties à l'individu, qui doivent s'incliner devant la souveraineté du droit de l'individu. L'homme recevra ainsi du socialisme le droit absolu à la pensée libre et un droit indestructible de propriété : nulle force d'oppression ne pourra plus désormais l'écraser.

Les penseurs socialistes de ce siècle, Babeuf, Fourier, Saint-Simon, Karl Marx lui-même, ont affirmé la liberté de l'individu ; partout les socialistes affirment la liberté, toutes les libertés : liberté politique, liberté de vote, liberté de conscience, liberté du travail. Vainement objecterait-on que, dans un manifeste fameux, Karl Marx a fait appel à la dictature du prolétariat ; il s'agit d'une dictature momentanée, dans la période de passage de la société actuelle au régime nouveau : une fois la révolution accomplie, le prolétariat disparaîtra par l'abolition et la réconciliation des classes, il ne survivra pas à sa victoire. D'ailleurs, la période de combat pourra être courte, car l'idée socialiste s'étend et pénètre partout, et des forces innombrables vont se rallier au drapeau du collectivisme ; tous l'accepteront à l'exception d'une infime minorité qui n'opposera pas de résistance sérieuse.

Le socialisme victorieux aboutira ainsi, par la suppression des classes ennemies, à la suppression de tout antagonisme ; dans la société collectiviste, il ne saurait y avoir de tyrannie socialiste, tous les producteurs ayant des intérêts communs, ayant leur part de la copropriété sociale : ainsi le régime nouveau saura concilier l'harmonie de la vie générale avec la spontanéité des forces individuelles, grâce à la suppression des deux institutions par lesquelles se manifestait l'antagonisme des classes : le patronat et le salariat.

Désormais l'Etat, le pouvoir central n'aura à intervenir que pour coordonner la production et empêcher toute entreprise destinée à rétablir le salariat ; sauf cette intervention, toute liberté sera laissée à l'initiative des individus.

*
* *

Tel est, résumé aussi fidèlement que possible, le système développé par M. Jaurès.

Et d'abord il est un premier reproche, un reproche des plus graves, que nous avons le droit d'adresser au *leader* socialiste : c'est que son œuvre est une œuvre d'imagination, dénuée de tout caractère scientifique.

M. Jaurès fait appel, pour le triomphe de son système, aux hommes de science et de pensée : il réclame leur concours au nom de la vérité et de la justice. Mais que peuvent avoir à faire les savants des rêveries de cet homme d'imagination, habitués qu'ils sont à assujettir leur pensée aux sévères rigueurs de la méthode scientifique ? Il n'y a pas, pour un savant, deux méthodes pour atteindre la vérité ; dans les sciences sociales comme dans les autres sciences de même ordre, la seule méthode scientifique, c'est la méthode d'observation, la méthode inductive d'observation de la nature. En outre, un philosophe tel que M. Jaurès devrait savoir, depuis Aristote, que l'homme est naturellement un être sociable, destiné à la vie en société, en sorte que l'état de nature de l'homme, c'est l'état social.

Vérité bien simple, difficile à contester, et qui cependant est constamment oubliée ! Si l'état de société est l'état de nature de l'homme, que signifient ces formules qui reviennent à chaque instant dans le langage de M. Jaurès : « Nous rêvons de créer une

1.

société nouvelle sans précédent dans les fastes de l'histoire. » « Lorsque nous aurons conquis le pouvoir, nous construirons un nouvel ordre social? » Il ne s'agit pas de rêveries, ni d'aller, à la suite de Platon, s'égarer dans les nuages sur les ailes de l'imagination : il faut, comme parle Bacon, chausser les souliers aux semelles de plomb de l'observateur.

Pour connaître les lois qui doivent régir les sociétés humaines, ce qu'il faut, c'est interroger par l'observation la nature de l'homme, car les lois apparemment doivent être en conformité avec la nature des êtres auxquels elles s'appliquent ; l'œuvre à faire, l'œuvre vraiment scientifique, c'est donc une œuvre d'observation et d'analyse.

Ecoutons, à ce sujet, ce que dit un disciple de Karl Marx, mieux qualifié que tout autre pour traduire la pensée du maître, M. Paul Lafargue, disciple et gendre de Marx : répondant à M. Paul Leroy-Beaulieu qui reprochait à Karl Marx de n'avoir pas organisé et créé un ordre social nouveau, il s'exprime ainsi : « Un homme de science doit-il reprocher à Marx de s'être tenu à la critique positive de la réalité au lieu de se lancer dans la construction fantaisiste de mondes nouveaux? Un homme de science demanderait-il à l'anatomiste et au physiologiste d'user leur imagination à bâtir des organismes nouveaux, des chimères, au lieu de disséquer et de vivisecter les animaux de l'inconsciente nature? » Et rappelant l'œuvre des socialistes de la première moitié du XIXᵉ siècle, les Saint-Simon, Owen, Fourier, M. Lafargue qualifie leurs systèmes « d'élucubrations », de constructions « fantastiques »; puis il montre dans l'œuvre de Marx une œuvre de socialisme scientifique, procédant de la méthode d'analyse, de l'observation patiente et raisonnée « des phénomènes économiques » (*Journal des Economistes* de septembre 1884, p. 381).

M. Jaurès, disciple infidèle du maître, se réclame de la liberté, du libre droit de l'individu, tel qu'il le conçoit, alors que Marx, niant la liberté, le libre arbitre, enseigne que l'humanité est entraînée fatalement dans le processus des forces économiques ; le leader socialiste, s'imaginant à la suite de Platon, de Thomas Morus, de Fénelon et de tous nos écrivains classiques que le législateur est investi d'une puissance souveraine qui l'élève au-dessus de l'humanité, reprend à son compte les constructions idéales, les élucubrations des socialistes de la première moitié du siècle, mêlant ainsi ses rêveries à l'œuvre de socialisme scientifique entreprise par Marx. C'est ce vice de méthode qui infecte l'œuvre de M. Jaurès, qui la corrompt et la détruit.

Le leader socialiste eût fait sagement de consulter sur ce point l'article de la *Revue de Paris* du 15 octobre 1895, consacré par M. Duclaux à Pasteur. « Le savant, dit M. Duclaux, doit avoir de l'imagination à certaines heures, mais, à d'autres heures, il faut qu'il prenne humblement la livrée de l'expérience. L'imagination se met en branle et se fait une représentation des choses, une vision intérieure apparaît ; désormais son rôle est terminé, qu'elle disparaisse de la scène. Le rôle de l'observation commence, il faut que le savant soumette à l'examen l'idée qui lui a traversé l'esprit, qu'il traite en ennemie cette vision qui l'a ébloui. Beaucoup ne franchissent pas le pas et restent du côté du mirage. »

Le mirage qui a ébloui le leader socialiste, il nous le décrit en ces termes : « Nous rêvons de faire entrer la liberté, l'égalité fraternelle dans la vie quotidienne et profonde des sociétés qui est le travail. Nous voulons pour chaque homme une part de propriété dans les moyens de production, c'est sur ces bases que nous voulons bâtir la cité des esprits dont parle Leibnitz. »

La liberté, l'égalité fraternelle dans le travail ! quel rêve étrange et combien Marx aurait ri, de son rire méphistophélique, s'il eût pu lire cette formule sous la plume d'un de ses prétendus disciples ?

Si M. Jaurès avait passé cette rêverie au crible de la critique scientifique, il en aurait bien vite aperçu la vanité et le mensonge. La fraternité, c'est l'amour, le dévoûment, le sacrifice et qu'est-ce que cette organisation socialiste du travail où l'on fait entrer l'amour et le sacrifice dans la loi positive ? Comment un philosophe tel que M. Jaurès peut-il ignorer que la fraternité est un sentiment spontané, essentiellement volontaire, qu'on ne peut la décréter sans la détruire et l'anéantir ? La loi a pour sanction la force, et je me demande comment nos socialistes collectivistes peuvent se représenter la fraternité du travail, sortant du décret législatif qui doit fonder la société nouvelle ? Jusqu'à quelle limite entendent-ils que la fraternité socialiste soit décrétée ? car rien n'est plus vague qu'une telle formule ; il y a, dans l'amour, dans le sacrifice, des degrés infinis ; le sacrifice peut aller jusqu'à l'abandon non seulement de la fortune mais de la vie. En outre, quelle sera la vertu, le mérite de ce sacrifice décrété, de cette fraternité de commande ? Toutes ces questions s'imposent à un esprit sérieux.

*
* *

Pour expliquer comment le socialisme collectiviste est un régime de liberté, d'épanouissement de toutes les libertés, et non un système de compression et de contrainte, M. Jaurès soutient qu'on a confondu à tort le collectivisme avec le socialisme d'Etat ; régimes très différents, dit-il, en ce sens que le socialisme d'Etat laisse subsister le salariat et l'antagonisme des classes et se borne à décréter des lois de protection pour réprimer les excès du capitalisme, tandis que le collectivisme supprime la propriété privée des moyens de production et fait disparaître ainsi tout antagonisme de classes par la suppression des classes elles-mêmes : « dès lors, l'harmonie étant artificiellement établie entre les classes réconciliées, il ne saurait être question, comme dans le socialisme d'Etat, de lois de restriction et de contrainte. »

O liberté, que de crimes on commet en ton nom ! le mot de Mme Roland est toujours vrai, avec cette variante que ce sont des paradoxes que nous dénonçons ici à la place de crimes. La liberté du régime collectiviste ! M. Jaurès va nous en tracer lui-même le portrait fidèle : dans son discours sur la crise agricole à la Chambre des députés, il disait, à la séance du 3 juillet 1897 :

« Que ferons-nous quand nous serons les maîtres, quand le peuple socialiste aura le pouvoir ? Nous dirons aux paysans : « Désormais, c'est la nation qui est « votre maître, prenez la terre, la nation vous laisse les « fruits du travail et la possession du domaine » ; et en même temps que nous libérerons, que nous doterons les travailleurs du sol, les prolétaires qui jusqu'ici n'ont pas eu la moindre parcelle de la propriété, nous dirons aux paysans petits propriétaires : « Vous qui « vous serviez de la terre comme instrument de travail, « gardez-la, *puisque nous la donnons aux autres*, mais « vous êtes libérés de l'impôt, vous êtes libérés de l'hy- « pothèque, vous êtes libérés de la spéculation et de « l'usure, vous êtes libérés de la dette. »

Tel est l'idéal de liberté de la société collectiviste, le

tableau que nous en trace M. Jaurès pour la production agricole ; appliquons à l'ouvrier de l'usine, de la mine, à l'employé des maisons de banque et de commerce le langage que nous venons de citer en notant que le pouvoir central, suivant l'expression de M. Jaurès, interviendra pour coordonner la production, l'échange et la distribution des produits, et nous serons édifiés sur le degré de liberté dont jouiront les citoyens sous le régime du socialisme collectiviste.

C'est la nation qui sera souveraine maîtresse de toutes les propriétés capitalistes, de tous les moyens de production, usines, terres, mines, machines de toute sorte ; comparez ce système idéal de liberté et de justice sociale au régime que Louis XIV traçait dans ses instructions au dauphin : « Tout ce qui est dans l'étendue de nos Etats vous appartient ; les rois sont seigneurs absolus et ont naturellement la disposition pleine et libre de tous les biens qui sont possédés par les particuliers » et dites-nous quelle différence sépare le régime collectiviste d'avec celui de la monarchie absolue ?

Dira-t-on que c'est la nation qui remplace le monarque de droit divin dans la souveraine propriété des biens ? Mais la nation n'est pas un personnage vivant, c'est une entité métaphysique, il faut bien qu'elle ait un représentant et ce représentant, c'est l'Etat, le pouvoir central, figuré par les hommes d'Etat en possession du pouvoir socialiste. C'est-à-dire que, dans la société collectiviste, M. Jaurès et ses amis remplaceront Louis XIV dans la souveraine et absolue propriété des biens et en disposeront à leur gré, suivant leur bon plaisir.

M. Jaurès, à l'exemple de J.-J. Rousseau, est un fils de l'antiquité classique ; la lecture de Plutarque en a fait un admirateur des grands hommes de la cité antique, des législateurs qui, dominant de haut les individus, inventaient des systèmes de société et les imposaient aux peuples. Il s'en explique très nettement dans un passage de son article où, signalant, l'opinion d'un philosophe distingué, M. Boutroux, il dit que ce penseur ne redoute pas de voir la nation moderne chargée, comme la cité antique, d'une haute fonction civilisatrice (p.500). Ailleurs, il se demande par quelle voie sera institué l'ordre nouveau (p. 515), il dit que l'homme en entrant dans la communauté sociale, recevra du socialisme le droit absolu à la pensée libre et un droit indestructible de propriété. A ce langage, qui ne se souvient de la parole de Bossuet signalant dans son style magnifique, le pouvoir de Dieu : « Tout part de sa puissante main, »

Pensée libre, travail, production, échange, propriété, tout émane du Pouvoir socialiste. C'est l'absolutisme de la cité antique où la loi était toute puissante, où le citoyen, suivant la doctrine de Socrate et de ses disciples Platon et Aristote, n'avait de droits et de libertés que par la permission du législateur.

La liberté de M. Jaurès ressemble à la Charte du roi Louis XVIII, du monarque de droit divin à ses fidèles sujets: c'est une liberté *octroyée*.

Et le *leader* socialiste s'étonne que cette partie notable de la bourgeoisie qui tient par dessus tout à la liberté, qui estime que son bien le plus précieux est la liberté de l'esprit et qui considère toutes les libertés affirmées par la Révolution de 1789, notamment la liberté du travail et la liberté politique, comme un reflet de la liberté de l'esprit, il s'étonne. dis-je que la bourgeoisie libérale repousse le socialisme comme une diminution de la liberté, comme un régime de restriction et de contrainte ! M. Jaurès, c'est son excuse, ne comprend ni la liberté vraie, ni la véritable propriété. C'est un fils de l'antiquité égaré dans le monde moderne; il n'a vu que des ombres dans la caverne de Platon.

Et cependant, si M. Jaurès avait fait son profit de l'observation si juste et si vraie d'Aristote, s'il avait remarqué que l'homme est destiné, par sa nature, à la vie en société, il aurait dissipé bien vite ces ombres vaines, et la pleine lumière se serait faite dans son esprit. Il aurait compris le sens de cette admirable définition des lois de Montesquieu, « les lois sont les rapports nécessaires qui dérivent de la nature des choses »; avec Turgot il se serait élevé à la notion exacte de la liberté du travail; il aurait répété après lui cette magnifique formule, préambule de l'édit d'abolition des jurandes et des maîtrises : « Dieu en donnant à l'homme des besoins, en lui rendant nécessaire la ressource du travail, a fait du droit de travailler la première de toutes les libertés, la plus sacrée et la plus imprescriptible de toutes ».

Voilà la liberté vraie, celle qui sort des entrailles mêmes de la nature humaine !

La nature a donné à l'homme des besoins et, pour les satisfaire, elle l'a pourvu de facultés, de là là liberté, le droit de travailler : lorsque l'homme a travaillé, qu'il a fait un effort, c'est à lui que doit revenir le résultat : ce droit du travailleur sur son œuvre, sur le produit de son travail, c'est la propriété. L'avènement du régime collectiviste n'est donc pas nécessaire pour donner à l'homme le droit absolu à la pensée et au travail libre et un droit indestructible de propriété : l'homme a naturellement le droit de penser et de travailler librement et le droit de s'approprier le produit de son travail.

Ce droit, les préjugés classiques des socialistes les empêchent de le voir et de le proclamer : les possesseurs d'esclaves de la cité antique ne pouvaient pas le reconnaître, ils ne pouvaient, sans détruire les fondements de l'esclavage, affirmer la liberté naturelle de l'homme, le droit naturel de propriété du travailleur sur son œuvre, sur le produit de son travail ; dès lors, ils avaient fait reposer la liberté et la propriété sur la loi, c'est-à-dire sur la volonté capricieuse et souveraine du législateur.

Telle est l'illusion de M. Jaurès, le mirage trompeur dont il est la dupe : il voit la liberté et la propriété à travers le prisme de ses préjugés classiques et il loue M. Boutroux, un autre philosophe épris comme lui de l'antiquité, de charger la nation moderne, comme la cité antique, d'une haute fonction civilisatrice.

L'absorption de l'individu, du citoyen dans l'Etat, la souveraineté du législateur disposant, suivant ses caprices et ses fantaisies, de la liberté et des droits des individus, c'est ce que le *leader* socialiste appelle une haute fonction civilisatrice !

L'idéal de cette haute fonction, c'est le régime de la République des jésuites du Paraguay !

La tentative de M. Jaurès pour réconcilier le socialisme collectiviste avec la liberté est une œuvre vaine, condamnée à un échec certain : la distinction qu'il essaie d'établir entre le socialisme d'Etat et le collectivisme au point de vue de la liberté, est une subtilité et un paradoxe. « Le principe et le fond du socialisme d'Etat, dit-il, c'est de protéger la classe non possédante, le prolétariat, contre les excès du capitalisme, d'où la nécessité de lois de réglementation et de contrainte ; le collectivisme, au contraire, en supprimant la propriété privée des moyens de production, crée une société nouvelle où il ne sera plus nécessaire de protéger une classe contre une autre, puisqu'il n'y aura plus de classes ; par suite, il ne sera plus besoin de lois de restriction et de contrainte. »

Et M. Jaurès ajoute : « Le socialisme d'Etat est une sorte de pessimisme social qui croit à la nécessité d'intervention de l'Etat entre des forces irréductiblement hostiles ; il ne croit pas, comme les économistes, à l'harmonie naturelle des intérêts, ni, comme le collectivisme, à l'institution révolutionnaire de l'harmonie des intérêts par un système nouveau de production et de propriété. »

S'il était besoin d'une preuve nouvelle pour établir que M. Jaurès n'a pas la notion exacte de la vraie liberté, nous la trouverions, à coup sûr, dans ce passage. De deux choses l'une en effet : ou l'harmonie des intérêts entre les hommes se fait naturellement, par le libre jeu des activités, des volontés individuelles, et alors la liberté est la règle qui doit présider à leurs rapports sociaux ; ou bien, au contraire, comme le croient les socialistes collectivistes ou autres, la libre concurrence provoque un antagonisme qui amène à sa suite l'écrasement des pauvres par les riches, des prolétaires par les capitalistes : alors il faut, de toute nécessité, avoir recours à la restriction et à la contrainte pour plier à l'harmonie ces intérêts naturellement hostiles. Voilà le dilemme, il faut choisir. Que signifie, dès lors, cette affirmation de M. Jaurès que le socialisme collectiviste ne saurait être un régime de rectriction et de contrainte, qu'il est, au contraire, la condition nécessaire de la liberté et doit donner le plus large essor à toutes les libertés ? Dire que les intérêts sont naturellement en état d'hostilité, d'antagonisme, cela implique la nécessité d'une force extérieure, d'une contrainte qui pèse sur ces intérêts pour les plier à l'ordre et à l'harmonie. Vainement prétend-on que l'ordre et la justice se produiront dans la société collectiviste sans réglementation ni contrainte, par l'action organique d'un système nouveau de production et de propriété, c'est là une logomachie incompréhensible.

*
* *

M. Jaurès, en dépit de ses affirmations et de ses paradoxes, sent bien la force de l'objection, il se pose à lui-même à nouveau l'objection « toujours renouvelée », nous dit-il. « En supposant la propriété privée des moyens de production abolie, on oppose que la liberté des individus aura perdu tout fondement et leur activité tout ressort, en même temps qu'il n'y aura plus ni liberté économique, ni liberté politique. » La réponse du *leader* socialiste est intéressante à recueillir, l'embarras s'y trahit visiblement. La seule réponse qu'il trouve n'est pas une réponse directe : il élude l'objection et, prenant l'offensive, reproche à ses adversaires de conclure contre la civilisation en proclamant que, pour faire subsister la liberté, il faut que la classe ouvrière demeure à l'état de dépendance sous la loi du salariat. Ici, nous saisissons sur le vif l'idée maîtresse du socialisme collectiviste, à savoir que le salariat est, après l'esclavage et le servage, une dernière forme de servitude. « Pauvre race humaine, s'écrie M. Jaurès, qui ne peut élargir la liberté sans la briser ! Il est impossible d'universaliser la propriété sous la forme actuelle ; en dehors de la remise à la collectivité des moyens de production, des capitaux, la propriété, sans laquelle il n'y a pas de liberté restera le privilège d'une minorité, d'une oligarchie ; il faut donc pour la realisation de l'idéal démocratique, universaliser la liberté en universalisant la propriété, qui en est la condition nécessaire. »

L'abolition du salariat est la *delenda Carthago* des socialistes : leur grief contre le régime de production capitaliste, c'est qu'il laisse subsister le salariat et conséquemment ce qu'ils appellent l'antagonisme des classes, le conflit des intérêts des propriétaires et des salariés.

Et ici se pose une première question : On objecte l'antagonisme des classes capitaliste et prolétarienne, la nécessité de la lutte pour l'affranchissement de la classe des non-possédants, de la classe opprimée ; mais, pour qu'il y ait un antagonisme de classes, il faut qu'il existe des classes ; or, est-il bien sûr que dans la société issue de la Révolution de 1789, il existe deux classes en présence : les propriétaires et les prolétaires ? Qui donc pourrait fixer la limite entre les deux classes, tracer la ligne de démarcation ? C'est une conception fausse, étroite, de la Propriété qui fait qu'on restreint l'acception de ce mot à la terre ou aux capitaux : la propriété, au sens vrai du mot, s'applique d'une manière générale à toute œuvre quelconque due à l'effort, au travail d'un producteur ; la propriété, c'est le droit de s'appliquer à soi-même le résultat de son effort ou de le céder à autrui en échange d'un service équivalent. Tout homme est propriétaire de son effort propre, de ses services ; le plus misérable des êtres humains est maître de ses bras, de ses facultés, du produit de ses facultés ; en ce sens, et c'est la véritable signification du terme, le qualificatif de propriétaire s'applique à tous les hommes, et la distinction des propriétaires et des prolétaires, cette vieille distinction classique, n'est qu'un anachronisme et un préjugé emprunté aux Romains.

Il n'y a pas de non-propriétaires ; il n'existe pas un homme au monde qui n'ait la propriété de ses bras, de ses facultés, pas un homme qui ne soit propriétaire de ses services. Dans une société libre où tous les citoyens sont égaux devant la loi, il n'y a pas,

il ne peut pas y avoir de classes, de castes en antagonisme ; certes, il y a des inégalités de fortune comme
il existe des inégalités de taille, de santé, d'intelli-
gence, comme il existe des paresseux et des hommes
de travail, mais ces inégalités de richesses ne consti-
tuent pas des castes différentes, puisqu'aucune ligne
de démarcation n'est tracée par la loi entre les citoyens
et que tel placé aujourd'hui parmi les riches, parmi
les possesseurs de capitaux peut descendre demain au
rang des ouvriers et réciproquement.

Que valent dès lors les attaques des socialistes
contre l'ordre social actuel ? Pour la réalisation de
l'idéal démocratique, ils veulent universaliser la propriété afin d'universaliser la liberté, dont elle est la
condition nécessaire, et de réconcilier les classes antagonistes ; la réponse est que dans une société libre il
n'existe pas de classes ; ajoutez à cette première observation que la propriété, dans une société ainsi consti-
tuée, est universalisée : tout homme, tout producteur
est maître de ses facultés ; il est propriétaire de la
valeur de ses services.

Mais, nous dit-on, le régime capitaliste dissocie
la propriété d'avec le travail, le salariat tient l'ouvrier sous la dépendance du capitaliste ; l'ouvrier est
exploité en ce sens qu'il ne reçoit qu'une partie du
produit de son travail, le reste, sous forme de *sur
travail*, profite au maître et c'est ce *sur travail* qui
crée le capital et enrichit le maître. Ainsi s'accumu-
lent, suivant la formule de Marx, aux deux pôles de la
société, d'un côté. la richesse croissante des riches,
de l'autre, la pauvreté progressive des pauvres, et
M. Deville, le traducteur de Marx, ne craignait pas de
dire du haut de la tribune de la Chambre des députés, à la séance du 6 novembre 1897, que les socialistes observateurs fidèles des faits, dénonçaient le

salariat comme un régime de servitude, d'exploitation systématique de l'ouvrier, et que, forcément, fatalement l'ouvrier, par l'effet de ce régime, ne recevait pas la totalité du produit de son travail.

Voilà le système : voyons si M. Deville et M. Jaurès ont observé fidèlement la réalité, s'ils n'ont pas été dupes d'un mirage. Nous sommes ici, qu'on le remarque bien, dans le vif de la question : si M. Jaurès entend réconcilier la liberté et le socialisme, s'il nous signale le socialisme collectiviste comme la condition de la liberté, c'est qu'à ses yeux la propriété est inséparable de la liberté et que le salariat est un régime qui dissocie la propriété d'avec le travail, en enlevant à l'ouvrier la propriété à laquelle il a droit dans le produit, pour l'attribuer au patron oisif. Le grief socialiste est-il fondé ? Pour le savoir, remontons le cours de l'histoire, assistons à la naissance du salariat. Voici deux hommes en présence : l'un, à force de travail et d'épargnes, a accumulé quelques provisions, et grâce à cette avance, il s'est construit une barque et des filets ou, ce qui revient au même, il a acheté, du produit de son travail, la barque et les filets ; l'autre est un jeune matelot quî, sans avances, n'a que ses bras et son énergie à mettre au service de la production ; tous les deux, après discussion, s'associent pour aller à la pêche, après avoir convenu qu'ils partageront le poisson dans certaines proportions. Nous sommes ici sous le régime tant vanté par les socialistes, sous le régime de l'association, avec droit de direction pour chacun. Cependant, après une expérience de quelque durée, le matelot pêcheur est frappé des inconvénients de l'association : des tiraillements fâcheux se sont produits avec le patron de la barque au sujet de la direction à donner à l'entreprise ; d'autre part, si la pêche est abondante quel-

quefois, elle est rare et presque nulle à d'autres mo-
ments ; dans les périodes mauvaises, comment vivre
et faire vivre sa famille ? L'association ainsi faite, avec
risques communs, c'est l'aléa, c'est l'incertitude du
lendemain, cette épée de Damoclès suspendue sur
la tête de l'ouvrier, le tourment continuel de sa vie. Il
aspire à la fixité, à la sécurité du lendemain, et, dans
ses veilles et ses insomnies, il se demande comment
faire pour arriver à réaliser ce rêve : ce rêve, c'est le
salariat qui va en faire une réalité. L'ouvrier, le matelot, librement, volontairement, après examen fait de
la situation, propose au patron de pêche de trans-
former l'association aléatoire, à risques communs et
direction commune, en une association nouvelle où
le patron prendra à sa charge la totalité des risques
et recevra en compensation avec le produit de la
pêche la direction exclusive de l'entreprise : quant au
matelot, il aura une part fixe, indépendante des ré-
sultats de la pêche et, pour plus de facilité, cette part
sera évaluée en argent.

Voilà l'origine du salariat, de ce régime d'antagonisme et de servitude, au dire de M. Jaurès et des
socialistes, où le travail serait fatalement exploité par le
capital! M. Jaurès insistera, disant que, grâce à l'abolition du salariat, tous les producteurs seront désormais des associés : je réponds que le salariat n'a pas
brisé l'association, il l'a transformée avec un progrès et
un perfectionnement à l'avantage des deux parties, et
l'avantage précieux de l'ouvrier, c'est qu'il a gagné la
fixité : la preuve, d'ailleurs, preuve péremptoire et
décisive, que le salariat a été un perfectionnement et
un progrès au regard de l'association primitive, c'est
qu'il s'est opéré librement, d'un accord commun.

Liberté dérisoire, nous dit-on ; dans cette lutte où
l'ouvrier, pressé par le besoin, est dans l'impossibilité

d'attendre, il sera fatalement amené à succomber ; dans ce contrat entre le capital et le travail, le faible, le salarié est à la merci du puissant, du capitaliste. Je réponds d'abord que la situation de l'ouvrier est la même sous le régime de l'association ; cette situation, en effet, est indépendante du mode de rémunération des services, elle tient à la nature même des choses. Il est incontestable que le capitaliste, qui peut attendre, est dans une position meilleure que l'ouvrier qui n'a pas d'avances ; mais si la situation du travailleur qui chôme est pleine de périls, d'autre part, quand le capital est sans emploi, il ne produit pas d'intérêt ; la vérité est que c'est la partie qui a le moins besoin de l'autre qui fait la loi, et la preuve que le capital a d'ordinaire un besoin pressant du travail, c'est que si nous consultons les statistiques, nous remarquons que, dans les pays civilisés, le salaire a constamment haussé. C'est un fait incontestable que, dans les pays riches, dans ceux où le *self-government* est le plus développé, là où l'intervention de l'Etat, du pouvoir central, se fait le moins sentir, l'Angleterre et les Etats-Unis notamment, le taux des salaires s'est élevé d'une manière à peu près constante. Chez nous, en France, M. Jaurès reconnaît et proclame que la force du prolétariat est en voie de croissance, par suite des groupements syndicaux. D'ailleurs, et c'est une considération d'importance fondamentale, l'intérêt des masses ouvrières, de celles qui vivent de salaires, c'est que le capital se développe, qu'il s'accroisse de plus en plus, provoquant de nouvelles industries, car si le travail fait concurrence au travail, les capitaux se font aussi entre eux une concurrence active et l'ouvrier, en face d'une demande croissante de travail, outre qu'il voit son salaire hausser, a une liberté de mouvements plus grande, en ce sens qu'il peut quitter plus aisément telle usine pour une autre qui est mieux à sa convenance.

Que signifient dès lors ces déclamations véhémentes contre « l'antagonisme qui déchire dans la Société actuelle les classes capitaliste et prolétarienne? » Si cet antagonisme était réel, si, comme dit Marx, il y avait aux deux pôles de la société actuelle une accumulation croissante de richesses d'un côté, et de l'autre une accumulation de misères, nous assisterions dans les pays riches, en Angleterre aux Etats-Unis, en France, à ce désolant et douloureux contraste d'une oligarchie de capitalistes vivant dans le faste et dans le luxe et d'un prolétariat de plus en plus misérable : or, c'est le contraire qui est vrai, et il n'est pas un homme de bonne foi qui ne doive reconnaître que l'amélioration du taux des salaires et de la condition matérielle et morale des ouvriers est un des phénomènes les plus certains de l'état social actuel.

Il faut insister sur cette vérité, parce qu'elle réduit à néant toute la doctrine socialiste du prétendu antagonisme des classes et de l'écrasement des masses ouvrières par l'oligarchie capitaliste. Partout où le capital se développe, les riches deviennent toujours plus riches il est vrai, et la première partie de la formule socialiste se trouve ainsi vérifiée ; mais, à l'encontre de cette formule, ce qui est vrai également c'est que loin que les pauvres deviennent toujours plus pauvres ils voient au contraire leur condition s'améliorer de plus en plus. Les statistiques en fournissent la preuve. La comparaison des salaires ouvriers de l'Angleterre et des États-Unis c'est-à-dire des pays les plus riches, avec les salaires des ouvriers des autres nations prouve jusqu'à l'évidence que, plus les capitaux augmentent et se développent, plus la richesse générale se développe en même temps, au grand profit des masses ouvrières.

Comment le développement des capitaux profite-t-il aux masses qui vivent de salaires ? Il leur profite de deux manières : 1º les salaires haussent ; 2º les objets de consommation et autres diminuent de valeur. Sur ce dernier point M. Jaurès n'élèvera pas apparemment de contestation ; dans son discours sur la crise agricole, à la Chambre des députés, dans la séance du 26 juin 1897, il disait : « Sur les céréales ; le bétail, les vins, les bois, sur tous les produits de la terre de France il s'est fait dans l'ensemble, depuis une vingtaine d'années, une baisse de prix d'environ un tiers et elle s'est produite avec une telle étendue et une telle régularité qu'elle apparaît comme une sorte de loi naturelle, de phénomène irrésistible. » Eh oui sans doute, c'est une loi naturelle, une loi bienfaisante du développement des capitaux et du régime capitaliste, et ce bienfait profite surtout aux ouvriers qui, avec leur salaire croissant, peuvent se procurer à plus bas prix les produits agricoles et industriels nécessaires à leurs besoins. Ce phénomène est tellement évident, que c'est à raison de cette réduction croissante de valeur des produits de toute sorte que s'est crée le mouvement protectionniste auquel nous avons assisté en France et dans les autres contrées du continent européen, mouvement auquel M. Jaurès a fait allusion dans le discours précité.

Ainsi la thèse socialiste de l'antagonisme prétendu des classes capitaliste et prolétarienne dans la société actuelle est ruinée et s'effondre de toute part : d'un côté, il est démontré que dans une société de citoyens libres et égaux en droit il n'existe pas, il ne peut pas exister de castes, de classes, au sens économique du mot ; de l'autre il résulte des statistiques les mieux établies, les moins contestables, que loin de provoquer un antagonisme quelconque, il y a au contraire une harmonie constante entre le capital et le travail, entre les deux facteurs de la production des richesses, harmonie qui s'explique d'autant mieux que le capital n'est pas autre chose que du travail ancien, qu'il est donc un élément de même nature que le travail actuel. Il ne reste rien debout non plus de l'argument fondé sur l'état prétendu de dépendance et de servitude des salariés vis-à-vis des possesseurs de capitaux; il est démontré, à cette heure, que la situation des ouvriers à l'égard des capitalistes est indépendante du mode de rémunération de leurs services ; sous le régime de l'association, elle est identiquement la même que dans le système du salariat.

*
* *

M. Jaurès, avec son cerveau modelé à l'antique, s'imagine que les hommes, lorsqu'ils ont le malheur d'être libres, de passer entre eux de libres contrats, ne profitent de cette liberté que pour arriver à dominer et à asservir leurs semblables. C'est ainsi que la propriété individuelle, la propriété privée des moyens de production, n'est à ses yeux qu'un régime d'oppression et d'exploitation de la classe ouvrière par les propriétaires; le capital, l'ensemble des moyens de production n'est pas autre chose, nous dit-il, que le fruit du sur-travail, du travail *non-payé* des ouvriers, le produit de la spoliation des travailleurs au profit d'une oligarchie de privilégiés.

Le maître l'a dit dans son livre *du Capital*: « Il y a, de par Aristote, une distinction essentielle à établir entre l'*Economique* et la *Chrématistique* : l'Economique se borne à procurer les biens nécessaires à la vie et qui sont utiles soit au foyer domestique, soit à l'Etat, c'est là la vraie richesse ; mais il est un autre art d'acquérir qui est la *Chrématistique*, qui fait qu'il semble n'y avoir aucune limite à la richesse : c'est le commerce des marchandises qui se transforma en art de se faire de l'argent ; pour la *chrématistique*, la circulation est la source de la richesse et elle semble pivoter autour de l'argent, car l'argent est le commencement et la fin de ce genre d'échange, son but est l'acquisition de l'argent et son accroissement à l'infini ». Et c'est sur cette théorie aristotélique que nous voici ramenés au temps du *Magister dixit* et que l'on nous veut doctement faire croire, grâce à une fausse théorie sur le rôle de l'argent et sur la notion de la valeur, que le capital possédé par les propriétaires est le fruit de la spoliation des travailleurs par les oisifs.

Ecoutons, à cet égard, la parole du Maître, de Karl Marx : « Toute plus-value, sous quelque forme qu'elle se présente, intérêt, rente, profit, n'est pas autre chose que la matérialisation d'une certaine durée de travail *non payé*. Le mystère de la richesse du capitaliste se résout en ce fait qu'il dispose d'une certaine quantité de travail qu'il ne paie pas. » Et si l'on se demande comment les masses ouvrières, éclairées par les docteurs du socialisme sur la spoliation dont elles sont victimes, laissent subsister un état de choses où une portion de leur travail ne leur est pas payée, on nous répond que c'est la fatalité, le déterminisme des phénomènes qui le veut ainsi, parce que la valeur d'une marchandise est déterminée, sous le régime capitaliste, par le quantum de travail humain, socialement nécessaire à sa production, qu'elle contient et que la valeur de la marchandise-travail, de la force de travail de l'ouvrier possède cette vertu particulière, véritablement merveilleuse, d'être source de valeur échangeable.

« L'homme à l'argent, nous dit Marx, le futur capitaliste, se présente sur le marché muni d'argent : il achète les matières premières, les machines à leur juste prix et, pour les mettre en œuvre, la force de travail de l'ouvrier; or, la métamorphose de son argent en capital, en une plus-value qui va accroître la somme de l'argent avancée, qui de 100 portera le capital à 110, par exemple, va se produire grâce à ce fait que *six heures* suffisent en moyenne pour les frais d'entretien de l'ouvrier qui fixent la valeur de son salaire; le capitaliste profitera par suite de tout l'excédent du travail de l'ouvrier au-delà de six heures : ainsi la valeur du produit s'accroîtra à son profit, l'argent sera métamorphosé en capital, en un capital qui sera le fruit du travail extra, du travail *non payé* des ouvriers.

Certes, il n'y a pas d'exagération à soutenir que nous sommes reportés aux temps du moyen âge, du *magister dixit* et il faut aux socialistes collectivistes une foi robuste pour accepter les yeux fermés une pareille doctrine. — « Mais, nous dit-on, Marx était armé de toute la science de son temps, il a fondé son système sur le principe de la valeur formulé par les économistes les plus autorisés, Adam Smith et Ricardo ; pour coucher à terre l'échafaudage de l'édifice collectiviste, il faudrait saper la base, la définition de la valeur. »

Et, en effet c'est la base qui est fragile, c'est cette pierre angulaire de l'édifice qui s'ébranle et croule au premier choc de la discussion. Votre conception de la Société économique, mes maîtres, est incomplète, étroite et fausse : vous nous présentez la richesse des Sociétés comme une accumulation de marchandises et par suite la valeur comme une qualité intrinsèque de la marchandise, inhérente à elle et matérialisée, se résolvant dans le quantùm de travail humain socialement nécessaire à la production : erreur, profonde erreur. La marchandise n'est pas, comme le croient les socialistes, l'élément premier de la richesse ; cet élément premier c'est le service humain, matérialisé ou non dans des marchandises, et la valeur est le rapport des services échangés.

Est-il donc besoin d'une longue démonstration pour en établir la preuve? Le travail de l'écrivain, de l'avocat, du médecin, ne se matérialise pas apparemment dans des marchandises, et cependant il est pourvu de valeur, puisqu'il se paie et s'échange contre d'autres valeurs quelconques matérialisées ou non. D'autre part que la valeur ne se mesure pas à la durée du travail social nécessaire à la production, c'est ce que l'observation fait apparaître jusqu'à l'évidence : Comparez, je vous prie, la valeur des terrains dans une ville naissante avec la valeur de ces mêmes terrains à l'époque du développement de cette ville devenue une grande cité industrielle et commerçante ; livrez-vous à une observation de même sorte en ce qui concerne les terrains et les constructions d'une station de bains, comparez ce que valaient à l'origine les terrains de Cannes, de Nice, de Biarritz, de Royan, avec leur valeur actuelle ; comparez les constructions élevées dans ces villes balnéaires avec des constructions identiques d'un de nos villages ou d'un endroit isolé de toutes autres habitations, et dites si, après examen et réflexion, on peut accepter comme vraie et fondée sur l'observation des faits, la définition de la valeur de Karl Marx?

L'erreur de Marx, qui a été aussi celle de ces grands esprits, Adam Smith et Ricardo, c'est d'avoir cru que la valeur d'un objet était unilatérale, qu'elle s'appréciait uniquement d'après le travail nécessaire à sa production, tandis que la valeur est un rapport entre deux services échangés, rapport qui exige que l'on tienne compte de l'influence des milieux, de la demande aussi bien que de l'offre.

Et voyez comme, à la clarté de ce flambeau, l'horizon économique s'illumine. M. Lafargue, le gendre et disciple de Marx, expose, dans l'article précité du *Journal des Economistes* , que « l'analyse de Marx démontre que la circulation des marchandises ne crée aucune valeur (p. 69 du *Capital*), par conséquent, le capital commercial et le capital financier sont impuissants à accroître le capital par leur circulation. Par exemple, dit-il, faites circuler un quintal de blé de Chicago à New-York, à Londres, Paris, New-York et Chicago, en le faisant passer par dix marchands et spéculateurs, et le quintal de blé, revenu à Chicago, son point de départ, n'aura pas augmenté de valeur ». De là, M. Jaurès et ses amis concluent que les commerçants sont des parasites, n'étant pas des producteurs. Il faut remercier M. Lafargue de nous avoir fourni cet exemple qui va nous permettre d'apprécier le sens pratique des sectateurs du collectivisme, en même temps que l'exactitude de leur doctrine. L'exemple choisi est admirable, et sans être curieux nous ne serions pas fâché de connaître le marchand de blé de Chicago qui va faire faire, ainsi à un quintal de blé un voyage de circumnavigation de Chicago à New-York, Londres et Paris, avec retour à New-York et Chicago ; ce doit être un de ces personnages qui, à l'exemple de Panurge, ont le sens des affaires tellement développé qu'ils sont destinés à finir à l'hôpital. On comprend qu'il n'est pas un commerçant sérieux qui puisse songer à une pareille fantaisie et que si un quintal de blé est expédié de Chicago à Paris c'est que, d'après l'état des cours et les besoins du marché, la valeur du blé à Chicago, pays de surabondance où le blé est destiné à l'exportation, est moindre évidemment qu'à Londres ou à Paris, où l'insuffisance de la production fait hausser les cours. L'exemple de l'écrivain socialiste n'a donc aucune portée et nous ferons remarquer à M. Lafargue, aussi bien qu'à M. Jaurès, que les commerçants ne sont pas des parasites, qu'ils sont des producteurs au même titre que les agriculteurs et les industriels lorsqu'ils rendent des services, services qui consistent à mettre les produits à la portée des consommateurs, à prendre pour autrui de la peine, à travailler pour les autres, ce qui leur donne le droit de demander en échange un service équivalent.

Voilà l'origine des erreurs du socialisme collectiviste. M. Jaurès et ses amis ont bâti leur système sur une base fausse : ils ont matérialisé la valeur, en ont fait une condition unilatérale, ne comprenant pas que la source de la valeur est dans le service humain et que, loin d'être unilatérale, elle dépend de deux éléments, l'offre et la demande, qu'elle consiste en un rapport entre deux services échangés.

*
* *

Mais ce n'est pas tout : après avoir, suivant l'expression de M. Lafargue, couché à terre l'échafaudage de l'édifice socialiste en sapant la base, la doctrine de la valeur, il nous faut achever notre tâche, établir que la propriété individuelle, que M. Jaurès dénonce comme un système d'exploitation des masses laborieuses et un privilège au profit d'une oligarchie, est au contraire une institution fondée sur la justice ; que, loin de reposer sur l'antagonisme des classes et l'écrasement des faibles par les forts, elle est essentiellement démocratique.

Quelle est l'objection de M. Jaurès et des socialistes contre la **propriété individuelle**, contre la **propriété** privée des moyens de production ? Le grief est double : d'abord les socialistes accusent la propriété privée de dissocier le travail d'avec la propriété, en ôtant en même temps à l'ouvrier son droit à la direction de l'entreprise ; en second lieu, ils soutiennent que les propriétaires ont monopolisé à leur profit les moyens de production, les capitaux, dont la concentration s'opère au profit d'une oligarchie de plus en plus réduite en nombre. Le premier grief ne nous retiendra pas longtemps ; l'exposé que nous avons fait plus haut de la genèse du salariat a facilité singulièrement notre réponse : C'est librement, spontanément, en vertu d'un contrat avantageux aux deux parties contractantes, que le travailleur a renoncé à tout droit sur sa quote-part de propriété dans le produit dû à la collaboration du capital et du travail : est-ce à dire pour cela qu'il y ait eu, comme dit M. Jaurès, dissociation, divorce de la propriété et du travail ? en aucune façon, et cette objection prouve l'étroitesse de conception des socialistes au sujet du droit de propriété : l'ouvrier, en effet, devient, en échange, propriétaire de son salaire et cette propriété lui est précieuse, par suite de la certitude qu'il y trouve d'être mis à l'abri des risques de l'entreprise. Il perd, il est vrai, son droit à la direction de l'entreprise commune, mais c'est la compensation équitable, au profit du capitaliste, des risques qu'il a pris en entier à sa charge, et ce serait une étrange manière d'entendre la justice que de réclamer au profit de l'ouvrier l'affranchissement des risques sans compensation au profit de l'autre partie.

Reste l'accusation de monopole, de privilège, d'accaparement des moyens de production au profit d'une minorité de plus en plus concentrée. M. J. Guesde, dans sa brochure *Collectivisme et Révolution*, s'expliquant au sujet de la propriété foncière, dit en termes formels : « Des capitaux comme la terre que l'homme n'a pas faite, qui forme l'héritage commun de la grande famille humaine, ne peuvent appartenir aux uns à l'exclusion des autres sans que les autres soient volés. » C'est la répétition de la fameuse apostrophe de Proudhon au propriétaire foncier dans son pamphlet sur la propriété. « A qui doit appartenir le fermage de la terre ? — Au producteur de la terre sans doute. — Qui a fait la terre ? — Dieu. — En ce cas propriétaire, retire-toi. » L'objection se retrouve chez un autre socialiste célèbre des Etats-Unis, Henry George, et, ce qui est plus grave, on trouve également, dans les écrits de la plupart des économistes, l'accusation de monopole et de privilège dirigée contre la propriété du sol.

En dépit de ces accusations, la vérité est que la propriété foncière n'est ni une usurpation, ni un monopole, ni un vol. Vainement on objecte que le propriétaire n'a pas fait la terre, qu'il n'en est pas le producteur. Si l'objection était fondée, elle s'appliquerait à tous les objets quelconques, mobiliers ou autres : celui qui porte à sa bouche un fruit ou un produit quelconque du sol ne l'a pas fait non plus, en ce sens que les éléments en sont fournis par la nature ; à ce compte, il faudrait lui dénier le droit de se l'approprier. Les socialistes confondent ici l'utilité avec la valeur. La nature a produit la terre, elle en a fourni les éléments, mais c'est l'homme qui en a produit la valeur. Combien profondément vrai est le mot de Michelet : « L'homme fait la terre. »

Examinons la situation du premier qui, ayant enclos un terrain, s'avisa de dire : « Ceci est à moi. »

La population était rare, disséminée sur de vastes espaces, il fallait une lieue carrée à peu près pour faire vivre un homme ; le premier agriculteur, certes, ne pouvait être considéré comme coupable d'une injustice au regard des autres hommes, il n'était pas, quoiqu'en dit Rousseau un usurpateur, et malgré les anathèmes de Proudhon et de J. Guesde, il n'était pas non plus un voleur. La terre qu'il s'appropriait était sans valeur aucune ; en s'en emparant non seulement il ne faisait de tort à personne, mais il rendait service aux autres en se livrant à une occupation nouvelle qui, grâce à l'échange, allait permettre à ses anciens compagnons de chasse ou de pêche de lui céder du gibier ou du poisson contre des produits du sol. Dira-t-on que la situation a changé par suite de l'appropriation de toutes les terres dans les pays civilisés ? La réponse est que, tant qu'il y aura, sur la surface du globe, des espaces de terre non appropriés, la propriété foncière ne constituera pas un privilège, les non propriétaires ayant la faculté de contenir les prétentions des possesseurs du sol, soit par le droit d'échanger les produits de leur travail contre des produits agricoles du dehors, soit en allant occuper les terres libres dans les pays où il en existe encore.

Que signifie dès lors cette accusation d'usurpation, de privilège, de vol dirigée contre la propriété foncière par les socialistes ?

C'est une lamentable erreur. Depuis notre grand Lavoisier, c'est un principe incontestable et incontesté que la quantité de matière existante dans l'univers est constante, qu'elle ne peut être augmentée ni diminuée. Rien ne se crée, rien ne se perd : ce fécond principe domine le monde de la matière ; comment donc un homme de science peut-il croire encore que la production des richesses est matérielle, qu'elle consiste, de la part de l'homme à créer une parcelle quelconque de matière ; comment nos socialistes collectivistes, qui se réclament de la science, peuvent-ils soutenir, par exemple, que les commerçants sont des parasites non des producteurs, sous prétexte qu'à la différence des agriculteurs et des industriels, leur travail ne porte pas sur la création de produits matériels ? Partant du principe de Lavoisier et de la science moderne, il est bien clair qu'entre la matière et la notion de valeur, il ne peut y avoir aucun rapport puisque la matérialité est un élément fourni par la nature, un élément essentiellement gratuit. Lorsque M. J. Guesde, à la suite de Proudhon et de Stuart Mill, jette l'anathème à la propriété foncière, que l'homme n'a pas faite, en criant à l'usurpation et au vol du capital terrien, il commet une déplorable confusion : la terre, avant l'occupation par le travail de l'homme, n'est pas un capital, elle est un instrument naturel, gratuit par conséquent : elle a de l'utilité, elle n'a pas encore de valeur. Voulez-vous une preuve nouvelle de cette distinction d'importance fondamentale ? La preuve aussi décisive, aussi indiscutable que celle que nous venons de fournir, que la valeur n'est pas matérielle, qu'elle n'est pas inhérente aux choses de la matière, c'est que nous la rencontrons en dehors de tout objet matériel, par exemple, dans la consultation du médecin, de l'avocat, là où il ne se rencontre que le service humain purement et simplement.

Donc la valeur est dans le service de l'homme, service échangé après libre discussion contre un service jugé équivalent, que ce service porte ou non sur des objets matériels.

Armé de ce principe fondamental de la science moderne, nous avons le droit de porter à M. Jaurès et aux socialistes de toute sorte le défi d'élever l'ombre même d'une objection sérieuse contre la légitimité de la propriété privée.

L'homme, pressé par le besoin, applique ses efforts,

son travail, à l'utilisation des matériaux et des forces que lui fournit la nature : il devient propriétaire de tout le produit de son travail. Le droit de propriété naît ainsi, basé sur cette idée : toute production appartient à celui qui l'a créée parce qu'il l'a créée. La propriété des capitaux repose sur le même fondement : les capitaux, terres, usines, maisons, outils, machines, sont des instruments de travail dont les éléments sont fournis gratuitement par la nature, leur valeur prend sa source dans le travail ; la propriété en revient donc à celui qui en est le producteur : en reprenant l'exemple de la barque et des filets de pêche, nous disons que c'est à celui qui, par son travail et ses épargnes, a construit la barque et les filets ou qui les a acquis en échange par l'intermédiaire de la monnaie qu'appartient la propriété de ces instruments.

*
* *

Voici donc une vérité mise dans tout son jour, c'est qu'il n'y a aucune usurpation, aucun privilège dans la propriété privée : les éléments matériels étant gratuits, il n'y a aucune injustice de la part d'un producteur quelconque, à se les approprier. Donc pour le producteur, incontestablement, les éléments matériels, les forces naturelles sont des instruments gratuits : reste à savoir si cette gratuité existe pour tous, si, dans la société fondée sur la division du travail et l'échange des services, le consommateur, qui représente la collectivité, tire profit de cette gratuité.

Si le profit reste à l'avantage exclusif du producteur, les socialistes ont raison. La société capitaliste est mal construite, elle repose sur le privilège, le monopole, le conflit des égoïsmes, l'antagonisme des intérêts ; sinon, si le profit définitif aboutit au grand public consommateur, à la collectivité, en ce cas, l'harmonie se fait naturellement et la liberté est la meilleure et la plus juste des organisations sociales. Mais que dis-je ! la question ne peut pas faire doute, même pour M. Jaurès, puisqu'il a constaté lui-même, dans son discours sur la crise agricole, l'aboutissement final de la gratuité au profit de la collectivité : c'est ce qui résulte du passage cité plus haut : « L'abaissement des valeurs, des prix sur l'ensemble des produits agricoles, s'est effectué avec une telle régularité que ce phénomène apparaît comme une sorte de loi naturelle, irrésistible. » Expliquons la cause de ce phénomène : c'est que la concurrence universelle entre les producteurs agricoles a pesé sur eux, les a contraints à réduire la valeur de leurs services ; grâce à elle, les éléments naturels, les matériaux et les forces qui ont coopéré *gratuitement* à la production demeurent *gratuits* pour la collectivité représentée par le public consommateur : cette gratuité, que le producteur utilisait pour la satisfaction de son intérêt personnel, lui échappe et, sous forme de réduction de prix, de valeur, va profiter à l'intérêt général, à la collectivité.

Voilà, M. Jaurès, l'œuvre de la propriété individuelle, de la propriété privée des moyens de production, sous le régime de la liberté du travail ! Que venez-vous nous parler des privilèges de l'oligarchie capitaliste et de la restitution à la collectivité des moyens de production ? Le producteur, dans un État libre, dans une Société organisée d'après les principes de la Révolution de 1789, n'est propriétaire que de son œuvre propre, du produit de son travail ; vainement essaierait-il d'enfler la valeur de ses services en monopolisant à son profit les forces naturelles, les matériaux que la nature lui fournit gratuitement : la liberté, la libre concurrence lui arrache le monopole de cette gratuité, elle en transporte le profit à l'humanité tout entière, à la collectivité.

Voilà la vérité, la loi de l'évolution économique constatée et reconnue par M. Jaurès lui-même !

Mais M. Jaurès, loin d'applaudir, charge de malédictions cette loi bienfaisante et démocratique ; par une aberration étrange, par un phénomène de myopie véritablement extraordinaire, M. Jaurès n'apercevant, dans l'économie de la société actuelle, que la lutte des producteurs entre eux, troublé à cet aspect, accuse la liberté meurtrière et anarchique de provoquer l'antagonisme des classes et il nous offre le remède dans la suppression de la libre concurrence et la socialisation de la production et de l'échange. Je réponds à M. Jaurès — et la réponse sera brève — qu'il n'a regardé la médaille que par le revers ; il s'est arrêté à la moitié du phénomène, que la division du travail nous offre fractionné, coupé en deux ; il a oublié de faire la synthèse économique en regardant du côté du consommateur, qui représente la collectivité : il a observé tout, dans la société actuelle, sauf le côté harmonique. En toutes choses il faut considérer la fin, et la production n'a pas sa fin en elle-même, sa fin est dans la consommation, dans la satisfaction des intérêts de tous ; si donc la gratuité — et c'est l'évidence — profite finalement à la collectivité représentée par le consommateur, les critiques de M. Jaurès et des socialistes contre la société actuelle sont sans portée aucune et la socialisation de la propriété par l'expropriation des propriétaires est une odieuse injustice, une spoliation imposée par un régime de despotisme et d'universelle servitude.

*
* *

Certes, dans ce pays de bon sens et de clarté qu'est la France, il est véritablement prodigieux d'entendre M. Jaurès affirmer que le socialisme, la socialisation de la production, de l'échange et de la distribution des richesses est un régime d'épanouissement de la liberté, de toutes les libertés, y compris la liberté du travail, qu'il cite formellement. La liberté du travail, prenez garde, c'est le régime de la concurrence « anarchique et meurtrière » : à moins que vous ne contestiez la formule de Turgot, comment pouvez-vous comprendre la liberté du travail sans concurrence ? Remarquez que la concurrence, c'est le résultat du droit de l'individu humain de choisir par lui-même le genre de travail qu'il entend exercer. L'individu humain, qui a la responsabilité de son existence et de son développement, ainsi que de l'éducation des siens, consultant ses aptitudes, choisit, au mieux de son intérêt, tel ou tel métier, telle profession. Lui reconnaissez-vous ce droit, et si vous le reconnaissez, que signifient vos déclamations contre la concurrence ? que si vous le niez, votre affirmation du principe de la liberté du travail n'est qu'un leurre et une hypocrisie.

Ce n'est pas tout : ce producteur, ce citoyen libre qui a conscience de sa dignité, revendique le droit de disposer à son gré du produit de son travail, il entend être maître d'apprécier la valeur de ses services. Or ce droit d'appréciation, d'évaluation du prix de ses travaux, de la valeur de ses services, vous le lui confisquez, vous l'en dépouillez comme vous le dépouillez de la liberté du travail puisque vous socialisez tout à la fois la production, l'échange et la répartition des richesses.

Voilà la liberté du socialisme collectiviste, le développement, l'épanouissement de toutes les libertés ! —

C'est, dit-on, que la liberté ainsi tolérée n'est que de l'anarchie, un régime d'antagonisme des classes où les forts écrasent les faibles. Mais s'il en était ainsi — et nous croyons avoir suffisamment réfuté cette thèse — si la pente naturelle des intérêts aboutissait à l'antagonisme et à l'écrasement des faibles par les forts, où donc, pour coordonner ces mouvements antagonistes, pour plier à l'harmonie ces intérêts discordants, prendriez-vous votre point d'appui? L'invincible nature, Rousseau l'a reconnu, tend toujours à reprendre son empire et quel moyen le socialisme tient-il en réserve pour changer la nature humaine et arracher du cœur de l'homme ce mobile indomptable, l'intérêt personnel? Il y a un mot de Pascal qu'il ne faut jamais oublier : c'est que l'homme n'est ni ange ni bête ; pour changer la nature de l'homme, il faudrait être un ange ou un archange, un être supérieur à l'humanité, à ses erreurs, à ses faiblesses, un être dépourvu du fatal mobile de l'intérêt personnel. Voilà la difficulté du problème, elle est de nature à faire réfléchir, sans doute, un philosophe aussi distingué que M. Jaurès.

Cependant M. Jaurès affirme que la fatalité de l'évolution économique conduit au socialisme collectiviste, que la concentration des capitaux par la substitution de la grande industrie et du grand commerce à la petite et à la moyenne production, jointe à l'organisation croissante des forces du prolétariat prépare l'avènement de ce régime nouveau. Examinons la valeur de cette objection. Et d'abord, que le perfectionnement de l'outillage dû au progrès des sciences et de la technique, que l'emploi de machines de plus en plus parfaites ait transformé les conditions de l'industrie moderne en développant la grande industrie ; que le commerce ait été modifié également par suite de l'établissement de grands magasins, c'est là un point de fait incontestable. Est-ce un progrès ou un recul? le *leader* socialiste constate, en le déplorant, que cette évolution amène la ruine de la petite et de la moyenne production ; c'est, dit-il, l'effet ordinaire du régime capitaliste que les puissants écrasent les petits, les faibles, mais les expropriateurs, les grands capitalistes seront plus tard, et ce sera leur juste châtiment, expropriés à leur tour par le socialisme collectiviste. Ici, nous trouvons à nouveau la déplorable méthode d'analyse économique de M. Jaurès et des socialistes; au lieu d'observer jusqu'au bout, jusqu'au consommateur, les effets de l'avènement de la grande industrie et du grand commerce, M. Jaurès s'arrête à mi-chemin, à l'effet produit dans les rapports des producteurs concurrents les uns vis-à-vis des autres, et remarquant la disparition des petits et moyens industriels impuissants à lutter contre des concurrents mieux outillés, il accuse les gros capitalistes d'exproprier et de ruiner les petits. C'est la vieille querelle des entrepreneurs de diligence contre les chemins de fer, des marins de la marine à voile contre les bateaux à vapeur, des ouvriers des métiers à la main contre les métiers mécaniques.

J'ai connu, dans mon enfance, une industrie familiale depuis lors ruinée : tous les agriculteurs de mon village, au lieu de prendre leur pain au boulanger, avaient un four et faisaient eux-même le pain à la maison; cependant, au bout de quelque temps, les fours des particuliers cessèrent de fabriquer le pain, et tous nos cultivateurs spontanément, librement, renoncèrent à cette fabrication pour prendre leur pain chez le concurrent qui avait ruiné leur industrie. Le boulanger plus habile avait battu, sur le champ de bataille de la concurrence, ses rivaux moins bien favorisés; il les avait écrasés... à coups de bon marché. L'industrie de la boulangerie familiale avait succombé, parce que les producteurs avaient intérêt à leur défaite : ils étaient battus et contents de l'être, ayant désormais du pain à meilleur marché qu'auparavant.

Voilà la différence qui sépare les champs de bataille dans les luttes du travail des champs de bataille des luttes guerrières : dans les luttes de la guerre, les plus forts tuent les plus faibles ; dans les luttes du travail, sur le champ de bataille de la concurrence, le faible qui succombe ne tombe que parce qu'il est bon, dans l'intérêt général, qu'il succombe. Ici, dans l'exemple que je viens de citer, la démonstration est saisissante, elle s'impose à l'esprit et le frappe par son évidence ; dans l'expropriation prétendue du petit et du moyen producteur par la grande industrie et le grand commerce, le résultat est le même, mais il apparaît moins clairement, parce que le producteur et le consommateur sont séparés et qu'il faut un effort de l'esprit, une synthèse économique, pour apprécier les effets de la supériorité de l'industrie victorieuse au point de vue de la collectivité.

L'humanité est ainsi faite que le progrès est un enfantement, et l'enfantement s'opère dans la douleur ; les socialistes, au spectacle de la douleur, s'insurgent et projettent de la supprimer, ils ne prennent pas garde qu'ils ne pourraient réussir qu'en supprimant du même coup l'enfantement.

Oui, il est vrai que le petit et le moyen producteur, impuissants à lutter, succombent devant le grand producteur mieux outillé : c'est l'histoire de la ménagère de village qui ferme le four de la maison ; mais ce qui est vrai aussi — et ce que les socialistes ne voient pas parce qu'ils ne voient que la moitié du phénomène économique — c'est que la petite industrie ne succombe que parce qu'il est utile, dans l'intérêt collectif de la société, qu'elle disparaisse, l'intérêt de la collectivité étant d'obtenir, au meilleur marché, avec le moins de travail possible, les produits de consommation.

Quand l'industrie des copistes a disparu, par suite de l'invention de l'imprimerie, certes, il y a eu un un moment de crise, mais la transition a été de peu de durée et l'humanité y a gagné des avantages immenses : M. Jaurès reprocherait-il à Gutenberg et à ses successeurs d'avoir, par leur industrie perfectionnée, écrasé et exproprié les copistes ?

Si vous avez foi dans l'humanité, laissez le génie de l'homme faire son œuvre, inventer des machines puissantes, faire intervenir de plus en plus, dans la production, les forces *gratuites* de la nature à la place des forces *onéreuses* du travail humain. Les faibles, les petits, pourront succomber, mais cette mort sera suivie d'une résurrection sous une autre forme et un progrès nouveau sera acquis, à chaque fois, à l'humanité ; devant elle, à chaque progrès, le champ des satisfactions s'élargira d'une manière indéfinie.

En ce qui touche la concentration des capitaux qui s'opérerait, d'après les socialistes, aux mains d'une ploutocratie, d'une minorité de privilégiés, c'est ici une légende que contredisent les statistiques les moins contestables ; c'est la légende de l'antagonisme des classes et de la richesse croissante des riches contrastant avec la misère progressive des pauvres ; j'ai établi plus haut et je me borne à rappeler, en renvoyant aux statistiques, notamment à un travail des plus remarquables de M. Alfred Neymarck, que dans les pays civilisés, à mesure que les capitaux se développent, la richesse générale progresse et les travailleurs obtiennent ce double profit de voir leurs salaires hausser en même temps qu'ils acquièrent, à des prix de plus en plus réduits, les objets de consommation, d'où des facilités croissantes pour le développement de la petite épargne, des petits capitaux. Il est vrai que, pour la grande production, il est nécessaire d'avoir des capitaux de plus en plus considérables, mais c'est par le concours des actionnaires, c'est par la réunion d'une quantité de petits capitaux que se forment les sociétés par actions, les grandes sociétés industrielles et commerciales, comme les petits ruisseaux font les grandes rivières.

La concentration des capitaux aux mains d'une minorité de privilégiés, chimère ; l'expropriation et la ruine définitive des petits et des moyens producteurs rejetés dans les rangs du prolétariat de plus en plus misérable, autre chimère. C'est aussi une chimère non moins étrange que cette idée de l'évolution économique aboutissant finalement à l'unité de production et de vente. Observez d'un regard profond et clair le mouvement des sociétés modernes, et vous verrez qu'avec le developpement de la grande industrie et du grand commerce il se produit une division du travail, une séparation des métiers et des professions mieux entendue, plus perfectionnée : vainement M. Jaurès nous montre le développement des coopératives de production et de consommation : il se fait illusion sur l'avenir des coopératives, notamment des coopératives de production ; d'ailleurs, quelque multipliées qu'elles puissent être, elles n'arriveront jamais à l'unité, à la suppression de toute concurrence. Le *leader* socialiste se rend bien compte des difficultés de cette unité finale de production et de vente : de là son affirmation de l'idée de patrie, en contradiction avec l'internationalisme socialiste ; nous avons besoin, dit-il, de la patrie, de la répartition des peuples en nationalités différentes pour la réalisation de notre idéal collectiviste.

L'échec retentissant de la tentative faite naguère pour l'accaparement des cuivres prouve l'impossibilité d'aboutir au monopole, à la suppression complète de toute concurrence dans une branche quelconque de production ; dans la grande République des Etats-Unis, malgré les barrières de la douane protectionniste favorables à l'établissement des monopoles, les grandes associations, les *trusts* gigantesques, n'arriveront jamais au monopole absolu, et si elles parvenaient un jour, dans le cercle de la nationalité américaine des Etats, à menacer la masse du peuple de monopoliser la vente des produits, on aurait bientôt renversé les barrières et rétabli la concurrence par l'importation des produits étrangers. Que malgré la différence des races, la diversité des langues, des mœurs, on puisse arriver un jour, sur toute la surface du globe, à un régime d'association universelle, à l'unité de production et de vente, c'est une chimère tellement prodigieuse que M. Jaurès lui-même n'ose pas, sans doute, y arrêter sa rêverie.

D'autre part, les groupements ouvriers en corporations, en syndicats, ne sauraient aboutir à une fédération universelle. Ici encore M. Jaurès fait appel à l'idée de patrie, de nationalité, contrairement au cri fameux de l'internationalisme socialiste : « Prolétaires de tous les pays, unissez-vous ; » l'unité totale, la fédération de tous les prolétaires du monde entier, le *leader* socialiste sait bien qu'il est impossible de la réaliser ; il a d'autant plus conscience de cette impossibilité qu'il sait à quelles difficultés il se heurte pour aboutir, en France, à l'unité d'action socialiste : je ne parle pas de l'unité de groupement et de fédération entre les Syndicats ouvriers qui est loin d'être faite, je parle de la concentration des sectes diverses du socialisme existantes dans notre pays.

Comment l'association de ces chimères, concentration des capitaux et groupement des forces prolétariennes, pourrait-elle jamais réaliser l'unité collectiviste? Quel rapport peut-il exister d'ailleurs entre l'association volontaire et l'association forcée, imposée par la loi dans le système du socialisme collectiviste? Dès lors, nous pouvons nous rassurer, il n'y a rien, dans l'évolution économique actuelle, qui menace de nous conduire fatalement au régime de servitude universelle que nous promet M. Jaurès.

*
* *

Dans l'article de M. Jaurès, il est un passage qui se recommande à l'attention : c'est celui où il met en parallèle les deux idées de Patrie et de Justice. Ici le *leader* socialiste, pénétré du danger de la doctrine de salut public des nationalistes, a secoué le joug des préjugés de la Cité antique, il a rompu les liens qui le retenaient captif. Aussi, tout illuminé qu'il est de la lumière de vérité, quelle hauteur et quelle netteté de vue ! Transcrivons cette belle page : « La patrie n'est pas un absolu, elle n'est pas le but, la fin suprême. Que signifie ce cri que poussent quelques-uns : « La Patrie au-dessus de tout » ; s'ils veulent dire qu'elle est au-dessus du droit humain, de la personne humaine, nous disons non. Non, elle n'est pas au-dessus de la discussion. Elle n'est pas au-dessus de la conscience. Elle n'est pas au-dessus de l'homme. Le jour où elle se tournerait contre les droits de l'homme, contre la liberté et la dignité de l'être humain, elle perdrait ses titres. La patrie n'est et ne reste légitime que dans la mesure où elle garantit le droit individuel. Le jour où un seul individu trouverait hors de l'idée de patrie des garanties supérieures pour son droit, pour sa liberté, pour son développement, ce jour-là l'idée de patrie serait morte : c'est sauver la patrie que de la tenir dans la dépendance de la Justice. »

A ce langage superbe, je reconnais et je salue un fils de la cité moderne, de la lignée de ces Constituants de 1789 qui, sur les ruines du droit divin, de la souveraineté absolue de l'Etat, ont fondé le droit humain, le droit de la déclaration des droits de l'homme et du citoyen. La justice sociale n'est que la garantie et la sanction du droit supérieur de l'individu, de ce droit inscrit dans la nature même de l'homme, dans sa conscience, dans sa raison. Au-dessus du suffrage universel, de la volonté arbitraire et du caprice des majorités, il y a la liberté de l'homme et du citoyen, et si un homme n'a pas le droit d'attenter à la liberté d'un autre homme, 100 millions d'hommes n'ont pas davantage ce droit.

Mais s'il en est ainsi, si l'homme est de sa nature un être libre, maître de lui-même et de ses facultés, prenez garde, c'est votre justice sociale, votre propriété sociale, qui s'en vont en fumée ; c'est votre édifice du socialisme collectiviste qui s'écroule tout entier, ruiné par vos propres mains !

Quand vous affirmez le droit prétendu de la communauté, du pouvoir central qui la représente, de socialiser la production, l'échange et la distribution des richesses ; quand, au nom du droit supérieur, du droit absolu de souveraineté de la nation sur la propriété, vous réclamez l'expropriation économique des possesseurs des moyens de production ; lorsque, vous adressant aux ouvriers des champs et de l'usine, vous leur dites : « Prenez ce champ, cette usine, nous vous en donnons la possession, désormais, vous n'aurez d'autre maître que la nation » ; quand vous dites ces choses vous parlez la langue des nationalistes, du comité de salut public. Vous ne garantissez pas le droit individuel, vous le violez. Vous ne mettez pas la nation, la patrie dans la dépendance de la justice, c'est la justice que vous dépouillez de sa souveraineté, que vous soumettez à la dépendance de la nation, de la volonté et du caprice des majorités.

*
* *

Cette contradiction levée, voyez comme tout s'harmonise et s'enchaîne par des chaînes de fer et de diamant, comme parlait Platon, dans la doctrine du droit moderne, du droit de l'individu humain. M. Jaurès reproche à la société actuelle, au régime de production capitaliste, d'être un système d'exploitation de l'homme par l'homme, parce que les travailleurs, seuls producteurs de la richesse, ne reçoivent pas la totalité du produit de leur travail, étant obligés de servir l'intérêt des capitaux et la rente du sol aux propriétaires oisifs. Il s'est expliqué là-dessus dans son discours à la tribune de la Chambre sur la crise agricole : « Les ouvriers industriels, dit-il, ont mis des siècles à s'apercevoir que c'est DE LEUR SEUL TRAVAIL qu'est faite la substance de toutes les richesses ; les paysans supportent leur vie de dénuement parmi ces richesses agricoles créées évidemment PAR LA SEULE VERTU DE LEUR TRAVAIL ajoutée à la vertu du soleil et de la terre. » (*Journal Officiel*, séance du 19 juin 1897, p. 1588). Ainsi, l'assertion est nette : Les travailleurs seuls, les ouvriers manuels des champs et de l'usine sont les vrais producteurs, seuls ils produisent la richesse ; le capital est du travail mort qui par lui-même est improductif.

Voilà la pure doctrine collectiviste. M. Jaurès la répète après son maître Karl Marx. D'où vient cette idée ?

de la doctrine de la plus-value qui elle-même tire son origine de la doctrine de la valeur de Ricardo. Nul doute à cet égard ; Engels, l'ami et le collaborateur de Marx, s'en explique formellement dans la préface de la *Misère de la philosophie* de Marx : « Le socialisme moderne, dit-il, en tant qu'il procède de l'économie politique bourgeoise, se rattache presque exclusivement à la théorie de la valeur de Ricardo : les socialistes ont proposé l'application égalitaire de la doctrine ricardienne, d'après laquelle la valeur de chaque marchandise est uniquement déterminée par la quantité de travail manuel exigée pour sa production. »

C'est-à-dire que la question revient à savoir si la théorie ricardienne est vraie ou fausse ; vraie, elle peut servir de base au système qui donne pour origine au capital le *sur-travail* des ouvriers ; fausse, le système tombe, faute de fondement pour le soutenir. Or, nous avons fait plus haut la démonstration de la fausseté de la doctrine ricardienne, et **M.** Jaurès ne dira pas qu'il a vérifié les faits par l'observation, **M.** Jaurès n'a rien vérifié du tout.

Je réponds au *leader* socialiste : Votre fausse doctrine, votre théorie matérialiste de la valeur vous a conduit à une confusion entre l'utilité des choses et la valeur des services. Vous n'avez pas aperçu le vrai fondement de la propriété qui est dans la liberté de l'homme, dans le droit du producteur sur son œuvre propre. L'homme est un être libre, maître de lui-même, de ses facultés et de leur produit : voilà l'enchaînement des idées, d'après l'enchaînement des faits. Ni la terre, ni les éléments matériels des choses, ni les forces de la nature n'ont de valeur, la valeur est la fille du service humain, elle est le rapport de deux services échangés. Dès lors, non seulement la propriété du sol ou de tout objet quelconque n'est pas une usurpation ou un privilège, mais la propriété est, au contraire, une institution démocratique, lorsqu'elle agit en fonction de la liberté, sous la pression de la libre concurrence. Pourquoi? parce que toutes les conquêtes du producteur sur la nature, au lieu de tourner à son profit exclusif, vont profiter finalement au consommateur, c'est-à-dire à la collectivité, sous forme de réduction de prix, de valeur. C'est un fait que vous avez constaté vous-même, mais sans en comprendre le sens et la portée au point de vue démocratique. Vous attaquez l'intérêt et la rente comme une spoliation au détriment des travailleurs : l'intérêt et la rente sont le prix légitime d'un travail ancien qui n'a pas encore reçu sa rémunération.

Quelle déplorable erreur est l'erreur socialiste M. Jaurès veut proscrire l'intérêt et la rente, alors que le plus grand intérêt des travailleurs, des ouvriers est dans l'abondance et le développement des capitaux et par suite de l'intérêt et de la rente. Je m'explique par un exemple. Le travail des copistes, avant l'invention de l'imprimerie, était un travail pénible et long, aussi les livres étaient rares et chers : les masses laborieuses, dépourvues de livres, étaient plongées dans l'ignorance. L'imprimerie a été inventée, et lorsque la concurrence est intervenue entre les imprimeurs, à mesure que l'art d'imprimer et les machines ont reçu des perfectionnements, le prix des livres a baissé de plus en plus. Pourquoi? parce que, grâce aux machines, le travail des copistes, travail coûteux a été remplacé par l'intervention des forces *gratuites* de la nature ; cependant, il a bien fallu payer le travail exigé pour la confection de l'outillage et des machines, mais ce travail se rémunère par le mécanisme de l'intérêt, par un salaire réparti sur un nombre indéfini d'acquéreurs de livres.

Voilà l'intérêt, son origine et sa portée démocratique : c'est le prix d'un travail, prix légitime d'un service rendu, d'un travail ancien qui prend le nom de capital, et l'intervention du capital est essentiellement bienfaisante, surtout pour les masses laborieuses, parce qu'elle est le signe qu'une force de la nature est intervenue dans la production des richesses, force *gratuite*, au lieu et place d'une force humaine qu'il fallait payer, et dont le remplacement par la force naturelle et gratuite a provoqué une diminution de la valeur des produits.

Telle est l'origine et l'explication de la légitimité de l'intérêt et de la rente du sol. Voilà l'harmonie des intérêts dans une société libre, quand la dignité et les droits de l'être humain sont respectés, quand le droit du producteur sur son œuvre propre, sur le fruit de son travail est reconnu, quand la propriété privée des capitaux, des moyens de production, ainsi que leur rémunération par l'intérêt et la rente sont placés sous la garantie de la loi !

*
* *

Avez-vous lu ce passage célèbre du livre des Héros de Carlyle : « C'est l'acte le plus haut des facultés de l'homme qui produit un livre. C'est la *Pensée* de l'homme, la vraie vertu thaumaturgique par laquelle l'homme produit toutes choses quelles qu'elles soient. Tout ce qu'il fait, et tout ce qu'il détermine, est le vêtement d'une pensée. La cité de Londres avec toutes ses maisons, ses palais, ses machines à vapeur, ses cathédrales, son énorme et incommensurable commerce et son tumulte, qu'est-ce autre chose qu'une pensée, que des millions de Pensées fondues en Une, l'énorme et incommensurable Esprit d'une Pensée, incarnée en brique, en fer, fumée, poussière, palais, parlements, fiacres, docks de Catherine, et le reste ! Pas une brique n'a été fabriquée sans que quelque homme ait eu à *penser* à la fabrication de cette brique ; un livre est la plus pure incarnation qu'une Pensée d'homme puisse avoir. »

L'illustre voyant de Chelsea, en écrivant ces lignes, a fait une œuvre économique de la plus haute portée ; il a, sans le savoir et sans y songer, trouvé le vrai fon-dement de la production, le germe de la valeur. Oui, c'est la Pensée de l'homme qui est la vraie vertu par laquelle l'homme *produit* toutes choses. M. Jaurès, égaré par la théorie matérialiste de Marx qui place le fondement de la valeur des marchandises dans le travail manuel, s'i-magine que les ouvriers des champs et de l'usine sont les seuls producteurs de la richesse ! Quelle concep-tion lamentable et comment un haut et libre esprit, un philosophe tel que le *leader* socialiste, a-t-il pu faire sienne une doctrine aussi étroite ? Il n'y a pas de tra-vail manuel, à proprement parler, puisque la main n'est que l'instrument de l'Esprit, pas plus qu'il n'y a de produits matériels, l'homme étant impuissant à produire, à créer un atome de matière. Cette erreur initiale a faussé toute la conception économique de M. Jaurès.

La richesse étant, à ses yeux, l'œuvre exclusive du travail des ouvriers manuels, il devait forcément conclure à l'abolition d'un ordre social où le capital, produit du travail d'une classe, était possédé par une autre classe et à la nécessité de la lutte des classes pour arriver à l'expropriation politique et économique des propriétaires, à la remise des capitaux, des moyens de production à la collec-tivité des citoyens. Ainsi l'harmonie serait établie, la réconciliation s'opérerait entre les classes par la distribution, à chaque citoyen, d'une part de copropriété sociale.

Mais comment concilier ce système avec la liberté? M. Jaurès a résolu la difficulté en soutenant que la liberté complète n'existe pas sans la propriété et que l'affranchissement des masses ouvrières, courbées sous la servitude du salariat, ne pouvait résulter que du régime collectiviste, qui leur attribuait une part de copropriété sociale dans les moyens de production. Le *leader* socialiste a fait des efforts prodigieux, il a épuisé toutes les subtilités de sa dialectique, toutes les ressources admirables de son rare talent d'écrivain, pour essayer de justifier sa thèse. Vains efforts, la thèse est fausse, et l'article de M. Jaurès n'est qu'un brillant exercice de rhétorique.

***

Je me trompe. Il y a la page que j'ai citée, celle où M. Jaurès a rapproché les deux idées de Justice et de Patrie et en a cherché la conciliation. Cette page restera, parce que sous la beauté de la forme, enveloppe périssable, il y a ce qui dure, une pensée profonde et vraie, une vérité éternelle et sacrée. Cette vérité que, dans nos sociétés modernes, pour leur salut, il faut dire bien haut et crier sans cesse à tous, c'est l'affirmation de la souveraineté de la justice, du respect du libre droit de l'individu sur lui-même et en face des autres ; c'est que la justice, c'est le respect de la liberté des autres.

En proclamant cette vérité, M. Jaurès a libéré son esprit : d'un coup d'aile, il s'est élevé sur ces hauts sommets d'où l'on aperçoit les vastes horizons. De là il a vu la vanité et le mensonge du prétendu Droit social, de la souveraineté de la nation, de la toute-puissance du nombre ; sous ses yeux, ces fantômes se sont dissipés en fumée. Qu'il reste sur ces hauteurs, et lui qui affirme la liberté de l'esprit, la liberté politique, il affirmera aussi la liberté, la vraie liberté économique ; il verra, en étendant au loin ses regards, que si la loi de la gravitation universelle maintient en équilibre le monde matériel, il y a une autre grande loi qui fonde l'équilibre du monde économique, cette autre loi de gravitation, c'est la liberté.

Dans le paragraphe qui termine son article de la *Revue*, M. Jaurès dit que c'est le socialisme qui, en établissant la copropriété sociale des capitaux, des moyens de production, réconciliera les classes ennemies dont l'antagonisme déchire la société actuelle ; M. Jaurès se trompe, la conciliation se fera par la Liberté. Dans une société libre, les hommes ne sont et ne peuvent être, dans leurs rapports respectifs, propriétaires que de leur œuvre propre, de la valeur de leurs services. Ce qui a fait illusion, ce qui a porté à croire que la propriété privée engendre des inégalités, des privilèges et fonde la domination d'une oligarchie de privilégiés, c'est que, confondant l'utilité des choses avec la valeur, on a matérialisé la valeur, on a attribué de la valeur aux éléments matériels et aux forces de la nature. Les économistes classiques, à la suite de Ricardo et de Stuart Mill, ont maintenu la confusion, et les socialistes, comme dit Engels, ont tiré les conclusions égalitaires de la fausse théorie de la valeur de Ricardo. Confusion déplorable, en ce qu'elle a masqué la vue d'un phénomène d'une importance fondamentale ; elle a laissé dans l'ombre le mécanisme de la combinaison des forces humaines avec les forces naturelles dans la production.

Regardez à l'œuvre les producteurs : tous, quels qu'ils soient, dans quelque ordre de production qu'ils exercent leur activité, ils cherchent à produire le plus possible avec le moins d'efforts, de travail ; dans ce but ils sollicitent les forces naturelles, ils vont à la conquête de ces forces pour mettre à leur charge l'œuvre productive ; ils font travailler l'eau, le vent, la vapeur, l'électricité à la satisfaction des besoins humains. C'est la loi de l'évolution économique ; à chaque progrès accompli, le travail humain a été remplacé, dans une certaine mesure, par une force naturelle gratuite. Au profit de qui ? De l'inventeur d'abord, du producteur ; juste récompense de son œuvre, stimulant nécessaire des inventions. Mais voici que la liberté vient remplir son rôle ; d'autres producteurs agissent qui font intervenir également la force naturelle gratuite ; sous la pression de la liberté, de la libre concurrence, le profit de l'intervention de la force gratuite échappe au producteur, il devient, par la réduction de la valeur, le bien de tous, de la communauté, de la collectivité.

L'intérêt personnel, cet égoïsme que les socialistes dénoncent comme la source des inégalités, des privilèges et des antagonismes de classe, ne peut pas, sous l'empire de la liberté, contenu par l'action des autres égoïsmes, tourner au détriment du bien de tous : ces deux puissances réunies, l'intérêt privé et la liberté, se combinent pour réaliser le bien collectif.

Admirable mécanisme, où l'intérêt privé, sans le savoir, *sans le vouloir*, sert à la réalisation du bien général !

L'humanité n'a pas besoin, en vérité, que les hommes d'Etat mettent leur cerveau à la torture pour inventer des systèmes de solidarité artificielle; la solidarité, c'est la liberté qui la mène à sa suite, comme sa compagne naturelle ; la propriété privée, dans une société libre, engendre une collectivité, une communauté de biens progressive, indéfinie ; il n'est pas un progrès, quel qu'il soit, accompli par un individu humain, qui ne profite à tous les individus humains, à la collectivité toute entière. Observez bien les faits, chassez de votre esprit ces ombres qui l'obscurcissent, cette confusion funeste entre l'utilité et la valeur, entre l'utilité des choses et la valeur des services, et vous comprendrez le mouvement et l'harmonie du monde social, de l'évolution économique, sous l'empire de la liberté.

.·.

Il est temps de conclure. M. Jaurès demande en terminant où est, dans le système collectiviste, la tyrannie socialiste ; il affirme que « par la réconciliation des classes, par la copropriété sociale des capitaux, des moyens de production, l'antagonisme ayant disparu et, les classes étant abolies, il ne saurait y avoir lieu à une tyrannie quelconque, le pouvoir central ne pouvant avoir un intérêt contraire à celui de la communauté ; toute liberté, d'ailleurs, ajoute-t-il, sera laissée à l'initiative, à l'énergie individuelle, le pouvoir central n'interviendra que « pour coordonner la production ».

Je réponds : La tyrannie socialiste, elle est dans la socialisation de la production, de l'échange et de la distribution des richesses, dans cette intervention du Pouvoir Central dans tous les actes de la vie économique des individus, sous prétexte de coordonner la production et de faire régner la justice sociale.

La liberté du socialisme collectiviste, c'est la liberté tempérée par la règlementation de l'autorité centrale, c'est cette liberté dont parle Figaro où il est permis à l'individu de tout faire..., excepté ce que la loi défend.

Dans la société collectiviste, l'individu est libre, à la condition qu'il obéisse aux règlements d'autorité qui lui ordonnent de travailler dans telle ou telle branche de production, qui lui fixent la durée de son travail, qui en règlent le prix, qui établissent dans quelle mesure, il recevra tels ou tels produits nécessaires à sa consommation ; voilà la liberté du socialisme collectiviste !

J'en appelle de M. Jaurès mal informé à M. Jaurès mieux inform é; j'affirme qu'il n'y a pas de justice sociale, pas plus que de copropriété sociale, pas de souveraineté de la nation au-dessus du libre droit de l'individu sur lui-même et en face des autres, au-dessus du droit du producteur sur son œuvre, sur le produit de son effort propre, de son libre travail. Il n'y a pas de droit contre le droit, et le droit c'est la justice, et la justice, c'est le respect de la liberté des autres.

Considérez que la liberté est cette puissance démocratique qui accroît et élargit sans cesse le domaine de la communauté des biens, au profit de l'humanité ; qui arrache au producteur égoïste le profit de ses conquêtes sur la nature, pour en attribuer le bienfait à tous, pour en faire le bien collectif de la grande famille humaine, et vous reconnaîtrez que, supérieure à toutes les inventions des hommes d'Etat, elle réalise, sans blesser les droits d'aucun individu, sans enchaîner les énergies individuelles, cette copropriété sociale revendiquée par les théoriciens du socialisme collectiviste : cette copropriété, elle la réalise dans la mesure que détermine la justice, non en dépouillant les capitalistes, en expropriant les possesseurs des moyens de production, mais en maintenant dans le domaine collectif les matériaux et les forces que la nature a mis gratuitement à la disposition de tous.

Voilà l'œuvre féconde de cette puissance qui seule peut donner la solution du problème social, la Liberté.

Mais ici, écartons toute confusion, toute équivoque. La liberté n'est pas le socialisme. Elle en est l'opposé, la négation. Entre la liberté et le socialisme, entre le libre droit de l'individu sur lui-même, sur ses facultés et sur leurs produits et ce régime de règlementation, de restriction et de contrainte qu'est le socialisme collectiviste, il y a une différence profonde; un abîme les sépare.

A moins que M. Jaurès ne prouve l'identité des contraires, il ne pourra jamais établir qu'il y a identité entre la liberté et le socialisme.

Paris. — Typ. A. DAVY, 52, rue Madame. — Téléphone.

209

www.ingramcontent.com/pod-product-compliance
Lightning Source LLC
LaVergne TN
LVHW021800170726
843503LV00007B/2937